Marlies Schünemann

Diktate üben – Deutsch 4. Schuljahr

MANZ VERLAG

W0295384

Das Werk und seine Teile sind urheberrechtlich geschützt. Jede Nutzung in anderen als den gesetzlich zugelassenen Fällen bedarf der vorherigen schriftlichen Einwilligung des Verlages.
Hinweis zu § 52 a UrhG: Weder das Werk noch seine Teile dürfen ohne eine solche Einwilligung eingescannt und in ein Netzwerk eingestellt werden. Dies gilt auch für Intranets von Schulen und sonstigen Bildungseinrichtungen.

5. Auflage 2005
Manz Verlag
© Ernst Klett Verlag GmbH, Stuttgart 1998
Alle Rechte vorbehalten
Lektorat: Peter Süß, München
Herstellung: Karin Schmid, Baldham
Umschlaggestaltung: Werkstatt München: Weiss/Zembsch, München
Titelbild: © Edward Sorel, New York
Illustration: Gabi Schönenberger, München
Layout: Karin Schmid, Baldham
Satz: Karin Schmid, Baldham
Druck: Mediengruppe UNIVERSAL
Grafische Betriebe Manz und Mühlthaler GmbH, München
Printed in Germany

ISBN 3-7863-1016-5

Vorwort

Liebe Schülerin, lieber Schüler,

nimm dir ein paar Minuten Zeit: Hier erfährst du, wie du am besten mit diesem Buch arbeitest.

Jedes Kapitel enthält zuerst kurze Übungen. Da gibt es kleine Rechtschreibrätsel zu knacken. Diese Übungen machst du alleine. Lass dir dabei Zeit! Eine Übung täglich reicht. Wenn du eine Übung fertig hast, dann lass sie von deinen Eltern durchsehen – oder schau selbst im Lösungsheft nach. Mach die Übungen so oft, bis du keinen Fehler mehr hast.

Wenn du dieses Bild siehst, gibt es immer Tipps und Tricks für dich. Lies also genau durch, was neben dem Bild steht. Du darfst das Bild natürlich farbig ausmalen.

Nach den Übungen bist du fit für das Diktat. Deine Eltern lesen dir den Text vor und schauen anschließend nach, was du geschrieben hast. Sie helfen dir auch weiter, wenn du mal etwas nicht weißt. Nach jedem Diktat gibt es Tipps für deine Eltern. Du wirst sehen: Gemeinsam schafft ihr das!

In den Übungen sind auch einige häufig benutzte Fremdwörter versteckt. Die lernst du ganz nebenbei richtig zu schreiben.

Ach ja, falls du den Begriff *Eigenschaftswort* nicht kennst. Er taucht im Buch öfter auf. Ein andere Bezeichnung dafür ist *Wiewort*. Das ist genau das Gleiche.

Wir wünschen dir viel Spaß und Erfolg!

Inhalt

1 Neue Wörter bilden

Neue Wörter bildest du mit Hilfe des Wortstammes sowie durch Vorsilben, Nachsilben und Endungen.

Was ist ein Wortstamm? Ein Beispiel zeigt es dir.
Hier siehst du verschiedene Wörter, die alle zur selben Wortfamilie gehören:

fahren	**Fahrzeug**
abfahren	**Fahrbahn**
Gefahr	**gefährlich**
gefahrlos	**Einfahrt**
einfahren	**Fähre**

In jedem dieser Wörter erkennst du eine Gemeinsamkeit: den Wortstamm *fahr* oder *fähr*.

Wörter, die aus einer Wortfamilie stammen, erkennen wir daran, dass sie denselben Wortstamm haben.

1. Unterstreiche bei jedem der Wörter im Kasten den Wortstamm in Farbe. Aber Achtung: Du musst bei diesen Wörtern die Wortstämme von sieben verschiedenen Wortfamilien finden! Schreibe anschließend die Wortstämme, die du gefunden hast, auf die Zeilen der nächsten Seite.

Achtung bequemen einfühlsam Brummbär müde
ängstlich ängstigen fühlen ermüden
ausschmücken achten bequem
schmucklos Bequemlichkeit brummig brummen
beachtlich Gefühl Müdigkeit schmücken

Manchmal wird der Selbstlaut zum Umlaut. Lass dich dadurch nicht verunsichern! Die Wörter gehören trotzdem zur selben Wortfamilie.

Mit Hilfe der Wortstämme kannst du wichtige Wortarten bilden, zum Beispiel Zeitwörter (= Tunwörter), Namenwörter (= Hauptwörter) und Eigenschaftswörter (= Wiewörter). Das funktioniert beinahe wie ein Puzzle. Du musst nur die einzelnen Teile zusammenfügen.
Aus dem Wortstamm *fahr* wird durch das Anhängen der passenden Endung *en* das Zeitwort *fahren*.

2. Hänge an die Wortstämme die passenden Endungen an. Schreibe anschließend die vollständigen Wörter auf die Zeilen.

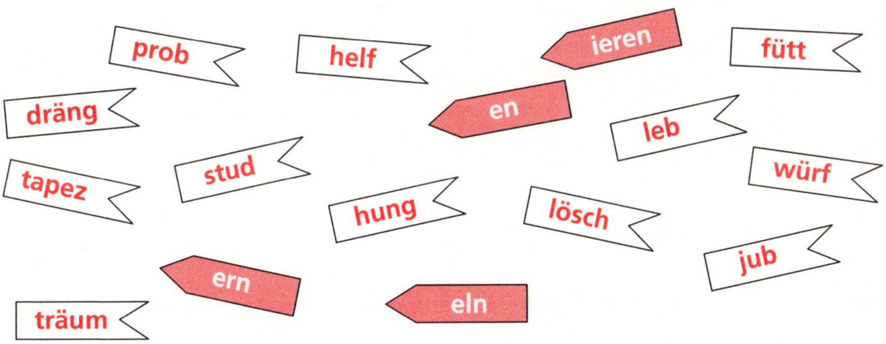

Mit einem weiteren Trick kannst du die Bedeutung der Zeitwörter verändern. Dafür gibt es bestimmte Vorsilben:

er	ver	ant	ent	ein
be	ab	auf	aus	bei
durch	hinter	nach	über	um
unter	von	vor	wider	zu

3. Die Sätze in dieser Übung sind unvollständig. Ergänze sie durch die Zeitwörter *fahren, stehen* oder *legen*. Allerdings musst du diese Zeitwörter vorher noch durch eine passende Vorsilbe verändern.

a) In zwei Minuten wird der Zug abfahren ____________________.

b) Ohne Stadtplan werden wir uns bestimmt

____________________.

c) Die richtige Antwort muss ich mir genau

____________________.

d) Meinem Freund muss ich in der Not ____________________.

e) Die Autobahn ist heute sehr stark ____________________.

f) Sprich bitte lauter! Ich ____________________ dich nicht.

g) Wenn du müde bist, solltest du dich ____________________.

h) Den Süßigkeiten konnte ich leider nicht

____________________.

4. Mit welchen Vorsilben kannst du die Bedeutung der folgenden Zeitwörter sinnvoll verändern? Schreibe in jeden Kreis eine passende Vorsilbe und vergleiche anschließend deine Vorschläge mit dem Lösungsheft.

a)

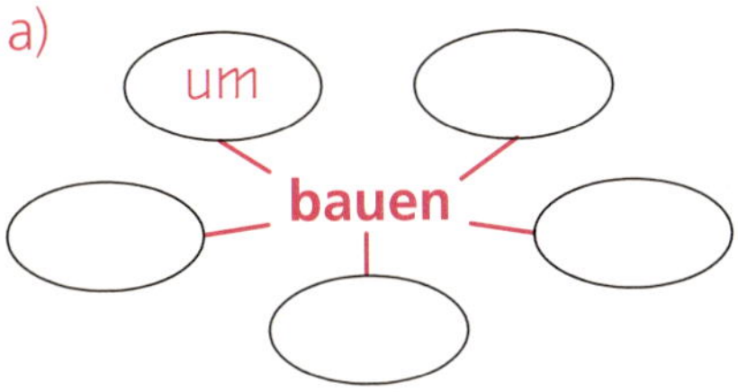

b)

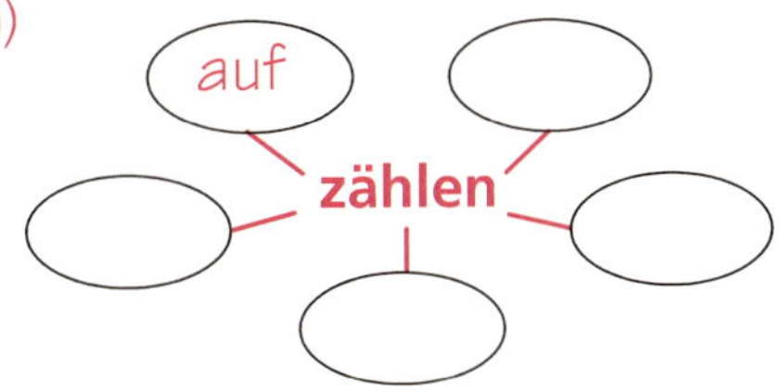

c)

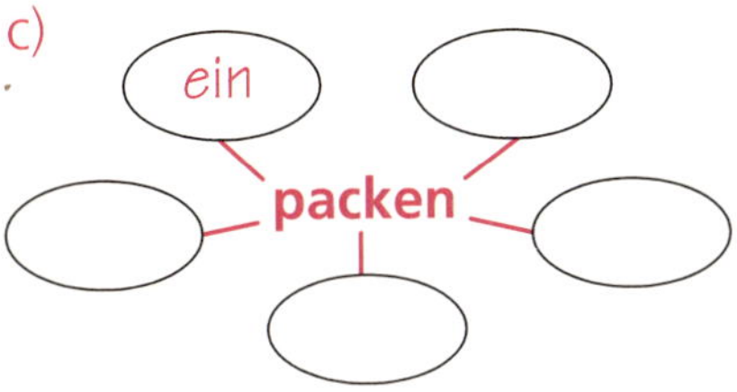

d)

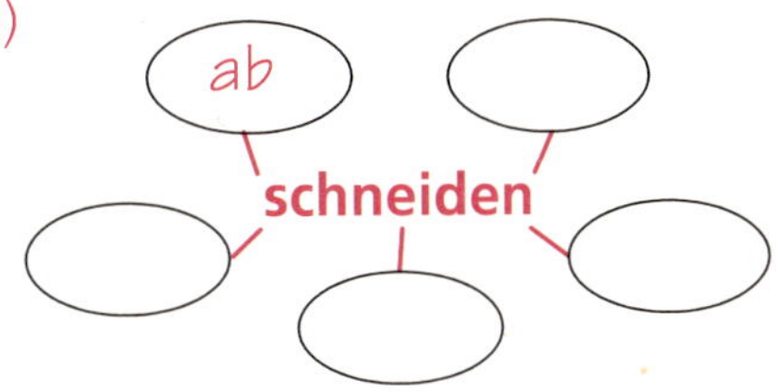

Wortstämme, Zeitwörter oder Eigenschaftswörter kannst du sehr leicht in Namenwörter verwandeln. Dafür hängst du die Silben *heit*, *keit*, *nis*, *ung*, *tum* oder *schaft* an.

Beispiele:

dumm (Eigenschaftswort)	+	heit	→	Dummheit
ähnlich (Eigenschaftswort)	+	keit	→	Ähnlichkeit
reich (Eigenschaftswort)	+	tum	→	Reichtum
ärger (Wortstamm)	+	nis	→	Ärgernis
entschuldigen (Zeitwort)	+	ung	→	Entschuldigung
fangen (Zeitwort)	+	schaft	→	Gefangenschaft

5. Ergänze die folgenden Wortteile so, dass mit Hilfe von Nachsilben richtige Namenwörter entstehen. Schreibe deine Lösungen auf die Zeilen. Achte dabei darauf, dass du die Namenwörter großschreibst!

heit **tum** **ung** **keit** **nis** **schaft**

a) ängstlich ______________________

b) blind ______________________

c) wachs ______________________

d) gefäng ______________________

e) geheim ______________________

f) dreh ______________________

g) alter ______________________

h) herr ______________________

Auf ganz ähnliche Weise kannst du Eigenschaftswörter bilden. Nimm die Endung *ig*, *lich*, *bar*, *haft*, *sam*, *los* oder *isch* und füge sie an ein Wort oder einen Wortstamm an – und schon ist das Eigenschaftswort fertig.

6. Ergänze die folgenden Wortteile so, dass mit Hilfe von Nachsilben richtige Eigenschaftswörter entstehen. Schreibe deine Lösungen auf die Zeilen. Denke daran, dass du Eigenschaftswörter kleinschreiben musst!
Vorsicht Falle: Ein Wort ist dabei, das du nicht verändern kannst. Schreibe es am Ende der Übung auf die Zeile.

ig | lich | los | bar | haft | sam | isch

a) salz ______________________

b) jugend ______________________

c) dauer ______________________

d) dank ______________________

e) gefühl ______________________

f) bunt ______________________

g) furcht ______________________

____

h) nütz ______________________

i) spar ______________________

j) städt ______________________

Dieses Wort konnte ich nicht verändern: ______________________

7. Jetzt kannst du zeigen, was du gelernt hast. Ergänze die fehlenden Wortarten passend zur Wortfamilie.
Achtung: Manchmal musst du dabei einzelne Laute verändern!

Namenwörter	**Zeitwörter**	**Eigenschaftswörter**
der Sturm	stürmen	stürmisch
der Fluss	fließen	flüssig
______________	springen	sprunghaft
______________	______________	musikalisch
die Angst	______________	______________
______________	______________	glatt
______________	retten	______________
______________	ernähren	______________
______________	______________	müde

Diktat 1

Die List eines Helden

Eine Geschichte aus dem *Altertum* | *erzählt* von Odysseus. | *Stürme* | und andere *gefährliche* Ereignisse | *verhinderten* jahrelang seine *Heimfahrt.* | Einige Zeit | verbrachte er | in der Gefangenschaft | eines einäugigen Riesen. | „ | Ich heiße Niemand." | So hatte er sich | dem Riesen vorgestellt. | Odysseus war weder *ängstlich* | noch *bequem.* | Er *überlegte,* | wie er die *Blindheit* | des Ungeheuers | zur *Flucht* benutzen könnte. | Schließlich *packte* er ein Schaf | und hängte sich | unter dessen Bauch. | Als der Riese | alle Schafe *abzählte,* | entdeckte er ihn nicht, | weil er nur | die Rücken der Tiere *abtastete.* | Mit einem *Sprung* | *rettete* sich Odysseus | auf sein Schiff. | Er *jubelte*: „ | Wenn jemand fragt, | wer dich übertölpelt hat, | dann sage ihm, | dass es Niemand war!"

HINWEISE FÜR DIE ELTERN

- Den Begriff *Odysseus* schreiben Sie bitte auf einen Extra-Zettel, von dem Ihr Kind das Wort abschreiben kann. Er wird nicht zum Diktat gerechnet.
- Die senkrechten Striche markieren die Sprechpausen. Hier sollten Sie jeweils unterbrechen, um Ihrem Kind Zeit zum Schreiben zu lassen.
- Lesen Sie alle Satzzeichen (Punkte, Doppelpunkte, Kommas, Ausrufezeichen) mit. Die „Anführungszeichen" lesen Sie so:
  „ = Anführungszeichen unten – " = Anführungszeichen oben.

Zur Bewertung

- Es ist ein voller Erfolg, wenn Ihr Kind die 17 *schräg gedruckten* Wörter richtig geschrieben hat. Andere Fehler spielen hier keine Rolle.
- Bis drei Fehler bei den schräg gedruckten Wörtern: Ihr Kind hat das Lernziel erreicht.
- Ab vier Fehler bei den schräg gedruckten Wörtern: Untersuchen Sie die Art der Fehler.
- Hat Ihr Kind Fehler beim Wortstamm gemacht? Dann sollten Sie die richtige Schreibweise der entsprechenden Wortstämme gemeinsam wiederholen.
- Stecken die Fehler in der Ableitung? Wurde zum Beispiel *Blindheit* kleingeschrieben? Üben Sie dann Wörter mit derselben Ableitungsart: *Echtheit*, *Einzelheit* oder *ängstlich*, *ähnlich*, *heimlich*.
- Alle anderen falsch geschriebenen Wörter sollten in einem Heft notiert (am besten mit Bleistift) und am folgenden Tag noch einmal diktiert werden. Werden sie dann richtig geschrieben, kann Ihr Kind sie ausradieren. Sind sie wieder falsch, werden sie so lange geübt, bis alle Wörter richtig sind.

2 Groß- und Kleinschreibung

In Kapitel 1 hast du dich mit drei wichtigen Wortarten beschäftigt: den Zeitwörtern, den Namenwörtern und den Eigenschaftswörtern. Von diesen drei Wortarten werden normalerweise nur die Namenwörter großgeschrieben.

Namenwörter erkennst du zum Beispiel an ihrem Begleiter *(der, die, das / ein, eine, ein)* oder an bestimmten Endungen wie *heit*, *keit*, *nis*, *ung*, *tum* oder *schaft*.

Ein Namenwort kann mit einem anderen Wort verbunden werden. So entstehen zusammengesetzte Namenwörter, die du natürlich ebenfalls großschreiben musst:

Namenwort + Namenwort
die Entdeckung + die Reise → die Entdeckungsreise
das Gemüse + das Beet → das Gemüsebeet

Zeitwort + Namenwort
reiten + das Pferd → das Reitpferd
stecken + die Dose → die Steckdose

Eigenschaftswort + Namenwort
froh + der Sinn → der Frohsinn
klein + die Stadt → die Kleinstadt

Zahlwort + Namenwort
tausend + die Füße → der Tausendfüßler
drei + das Eck → das Dreieck

1. Hier sind Unsinnswörter entstanden. Kannst du die einzelnen Teile so miteinander verbinden, dass sie als zusammengesetzte Namenwörter einen Sinn ergeben? Schreibe deine Lösungen auf die Zeilen.

~~Schokoladen~~lied Weihnachtsstoff Schuh~~kuchen~~
Gießeis
Verkehrspapier Buntampel Packgericht
Gefrierkanne Knalltruhe
Strickbonbon
Fertigesel Klebhund Spürgröße Glattnadel

Schokoladenkuchen, ______________________________

____

____

____

____

____

Eine Besonderheit sind die Wörter *Paar* und *paar*.
Das Wort *Paar* steht immer für zwei, die zusammengehören.
Beispiele: ein Paar Socken, ein Paar Würste.

Das Wort *paar* steht immer für mehrere Dinge von einer Sorte.
Beispiele: ein paar Hefte, ein paar Gummibärchen.

2. Schreibe jeweils unter das Bild, was du siehst. Verwende dabei *Paar* oder *paar* in der richtigen Schreibweise (groß oder klein).

a) 

____

b) 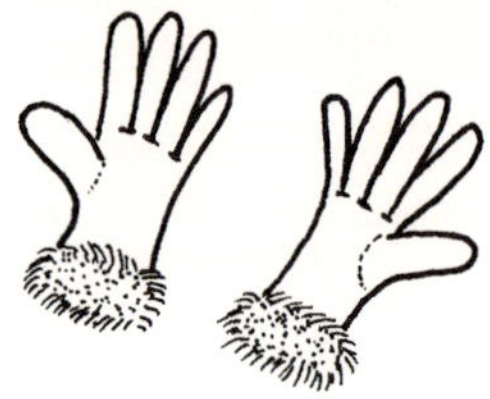

____

c) 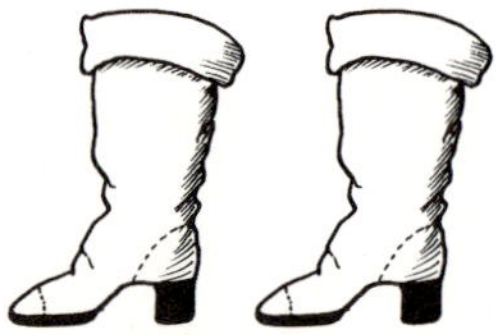

____

d) 

____

Jetzt geht es um die Zeitangaben. Achte genau auf die Hilfen, dann verstehst du schnell, was du großschreiben oder kleinschreiben musst.

Ich schlafe morgens sehr lang. Dafür gehe ich abends später ins Bett. Als ich klein war, habe ich immer mittags geschlafen. Das mache ich sonntagmittags immer noch.

Steht ein *s* am Wortende der Zeitangabe, schreibst du diese Zeitangabe klein.

„Ich war gestern im Zirkus. Gehst du morgen in die Vorstellung?" – „Nein, ich gehe erst übermorgen."

Die Zeitangaben *heute*, *gestern*, *vorgestern*, *morgen* und *übermorgen* schreibst du – wenn sie allein stehen – immer klein.

Ich bin gestern Morgen zu spät aufgewacht. Leider ist es mir auch heute Morgen wieder passiert. Das kommt sicher daher, dass ich vorgestern Abend und gestern Abend so lange vor dem Fernseher gesessen habe. Aber heute Abend gehe ich rechtzeitig schlafen.

Folgen nach *heute*, *gestern*, *vorgestern*, *morgen* und *übermorgen* ergänzende Zeitangaben (wie zum Beispiel *Abend*, *Mittag*, *Morgen*), schreibst du diese ergänzenden Zeitangaben immer groß.
Beispiel: *heute Morgen*.
Ausnahme ist das Wort *früh*, das immer kleingeschrieben wird: *heute früh*, *Montag früh*, *morgen früh*.

Am Montagabend war ich zu Hause. Am Mittwochabend wollen wir zusammen ins Kino gehen. Am Samstagnachmittag fahren wir dann zum Fußballplatz.

Zeitangaben, die mit Wochentagen kombiniert sind, musst du zusammenschreiben.

3. Ergänze bei den folgenden Zeitangaben die fehlenden Buchstaben. Wenn du nicht alle Lösungen (Groß- oder Kleinschreibung) weißt, dann schau dir vorher noch einmal die Regeln an.

a) ____eute ____orgen

b) ____ormittags

c) ____orgestern ____bend

d) am ____ienstagmorgen

e) ____onntag ____rüh

f) ____estern ____achmittag

Nun kommen wir zu den Zeitwörtern. Zeitwörter werden kleingeschrieben:
reiten – springen – laufen – essen.

Durch einen Begleiter kannst du aus der Grundform des Zeitworts ein Namenwort machen:
Das Reiten macht mir Spaß. – Das Springen ist mein Hobby.

Willst du ein Eigenschaftswort ergänzen, dann stellst du es zwischen Begleiter und Namenwort:
Das schnelle Laufen macht müde.

Vorsicht Falle: Auch wenn im zweiten Satz des nächsten Beispiels der Begleiter weggelassen wird, bleibt das Namenwort erhalten.
Du musst es wieder – wie jedes Namenwort – großschreiben:
Das hastige Essen ist ungesund. → Hastiges Essen ist ungesund.

Großschreiben musst du auch, wenn vor dem Begleiter ein Verhältniswort steht:
Beim *(= bei dem)* Reiten muss man auf die Haltung achten.
Vom *(= von dem)* hastigen Essen bekommt man Schluckauf.

4. Ergänze die Lücken im Text auf der nächsten Seite durch das passende Zeitwort aus dem Kasten. Achte dabei auf die richtige Groß- und Kleinschreibung.

reisen fliegen fürchten wünschten besaßen
fliegen fliehen erfanden
zusammenhalten sorgen nahmen bauen

Das erste Flugzeug

Das ____________________ ist für uns heute

selbstverständlich. Nur vor dem ____________________

____________________ wir uns manchmal. Schon

vor ein paar tausend Jahren ____________________ sich

die Menschen, sie könnten ____________________.

Um aus einem Labyrinth zu ____________________,

in dem sie gefangen waren, ____________________

Dädalus und sein Sohn Ikarus spezielle Flügel.

Die Vögel ____________________ sie dafür zum Vorbild.

Zum ____________________ der Flügel verwendeten

sie dünne Stangen und Federn. Statt Klebstoff, den sie

nicht ____________________, sollte Wachs für

ein festes ____________________ des Flugapparates

____________________.

Eigenschaftswörter werden normalerweise kleingeschrieben:
klein – gut – böse – schlau.

Durch einen Begleiter kannst du aus dem Eigenschaftswort ein Namenwort machen. Dann musst du es großschreiben:
der Kleine – das Gute – das Böse – eine Fahrt ins *(= in das)* Blaue

Du kannst den Begleiter sogar weglassen. Trotzdem bleibt es ein Namenwort:
In Märchen ist immer Gutes und Böses zu finden.
Gehe nicht bei Rot über die Kreuzung!

5. Ergänze die Lücken durch das passende Wort. Achte dabei auf die richtige Groß- und Kleinschreibung.

wenige – gutmütige – beste – letzte – reichen – gute – reinem – gute – böse

„Das ____________________, was ich noch habe, will ich gern teilen“, sprach das ____________________ Sterntalermädchen.
„Das ____________________ habe ich leider schon weggegeben. Nimm also das ____________________!“
Da bekam es ____________________ Lohn für seine ____________________ Tat. Aus ____________________ Gold waren die Sterne, die als Taler zur Erde purzelten. So hatte – wie immer im Märchen – doch wieder das ____________________ über das ____________________ gesiegt.

Diktat 2

Der erste Flugkapitän

Das Fliegen war schon immer | der größte Wunschtraum der Menschheit. | Für Dädalus und Ikarus | war der Bau eines Flugapparates | sogar die einzige Chance | *zum Entfliehen* | von der Insel Kreta. | *Zum Probieren* | hatten sie viele Flügel gebaut. | *Das Beste* war für sie | gerade gut genug. | *Eines Tages* war es so weit. | Nachdem sie *nachts* | kaum *zum Schlafen* gekommen waren, | starteten sie *früh am Morgen* | vom Strand aus. | Während *des Aufsteigens* | warnte Dädalus seinen Sohn Ikarus | vor der Sonnenhitze, | die *das Schmelzen* des Wachses | zur Folge haben könnte. | Doch Ikarus achtete nicht darauf. | *Das Letzte,* | was von ihm zu hören war, | war *das laute Jubeln,* | mit dem er der Sonne | und damit *seinem Verderben* | entgegenflog.

HINWEISE FÜR DIE ELTERN

- Die Begriffe *Apparat* und *Chance* schreiben Sie bitte auf einen Extra-Zettel, von dem Ihr Kind die Wörter abschreiben kann. Sie werden nicht zum Diktat gerechnet.
- Die senkrechten Striche markieren die Sprechpausen. Hier sollten Sie jeweils unterbrechen, um Ihrem Kind Zeit zum Schreiben zu lassen.
- Lesen Sie alle Satzzeichen (Punkte, Kommas) mit.

Zur Bewertung

- Es ist ein voller Erfolg, wenn Ihr Kind die 13 *schräg gedruckten* Wörter und Ausdrücke richtig geschrieben hat. Andere Fehler spielen hier keine Rolle.
- Bis drei Fehler bei den schräg gedruckten Wörtern: Ihr Kind hat das Lernziel erreicht.
- Ab vier Fehler bei den schräg gedruckten Wörtern: Untersuchen Sie die Art der Fehler.
- Die entsprechenden Abschnitte der Übungen sollten wiederholt werden: Zeitangaben, Zeitwörter als Namenwörter oder Eigenschaftswörter als Namenwörter.
- Zur sinnvollen Übung ist es wichtig, dass Sie immer nur ein Rechtschreibproblem wiederholend üben (nicht mehrere gleichzeitig).
- Alle anderen falsch geschriebenen Wörter sollten in einem Heft notiert (am besten mit Bleistift) und am folgenden Tag noch einmal diktiert werden. Werden sie dann richtig geschrieben, kann Ihr Kind sie ausradieren. Sind sie wieder falsch, werden sie so lange geübt, bis alle Wörter richtig sind.

3 Wörter mit h – ieh – ie

Der Buchstabe *h* wird manchmal benötigt um zu zeigen, dass der Selbstlaut vor dem *h* lang gesprochen wird. Vor diesem unhörbaren *h* steht also immer mindestens ein Selbstlaut, zum Beispiel *mahlen*, *rühren*, *Frühling*.
Manchmal können zwei Selbstlaute vor dem *h* stehen, zum Beispiel bei *fliehen*.

1. Schaue dir die Wörterschlange genau an. Trenne die Wörter mit einem dicken Strich voneinander ab. Setze sie dann passend in die Kästchen ein.

ähnlichEhreFahnerohkühlStrohungefährabwehrenZahnSchuhHöhleVieh

a) 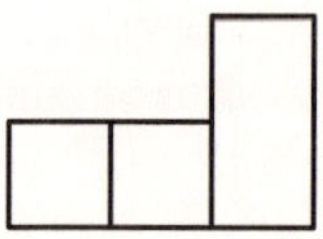

b) 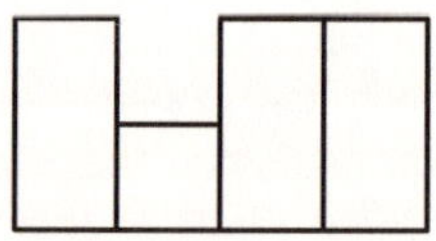

c) 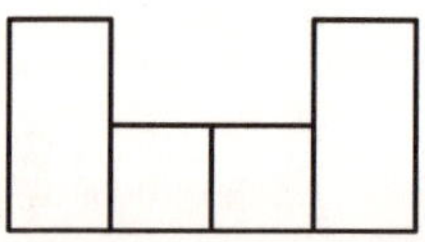

d) 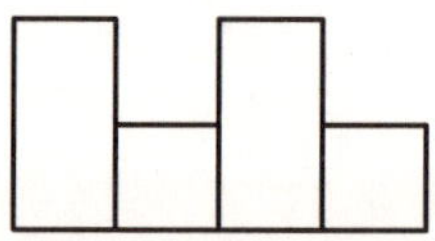

e) 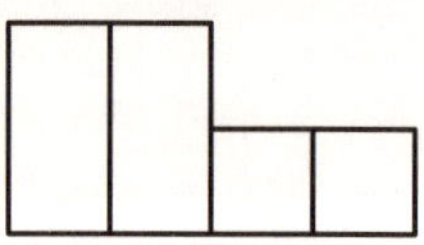

f) 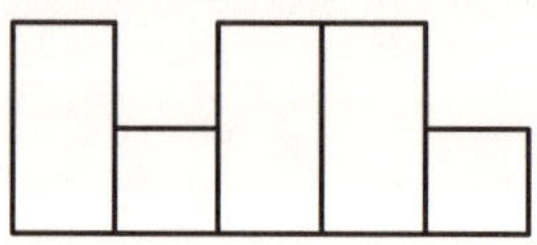

g) 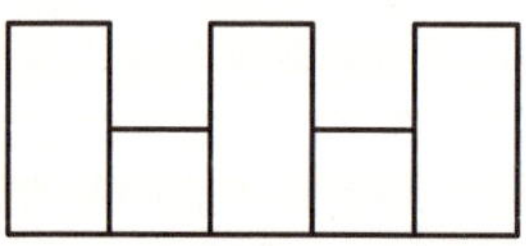

h) 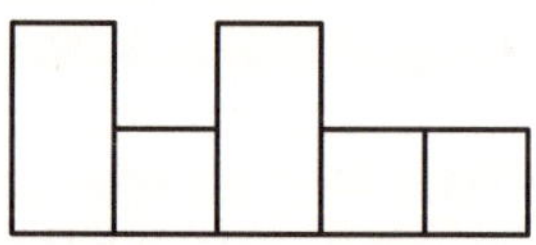

i) 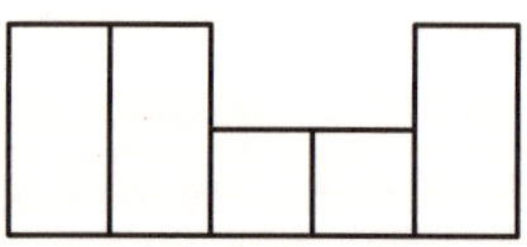

j) 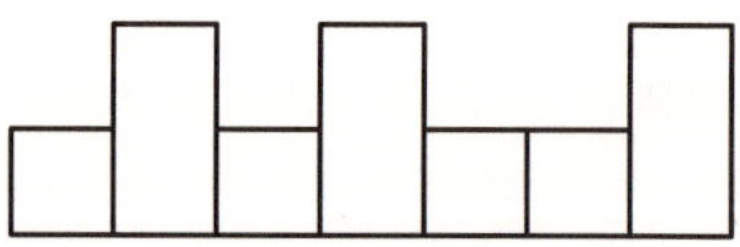

k) 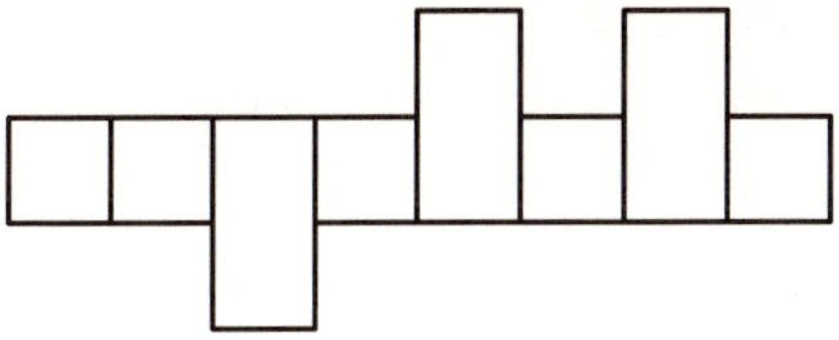

l) 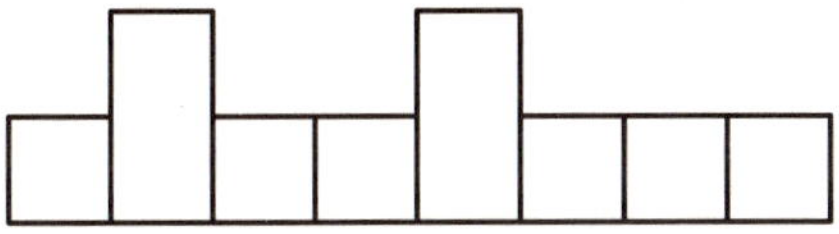

2. Finde die Reimwörter und schreibe sie auf die Zeilen.

Bahn	ehren
H ______	k ______
K ______	l ______
Z ______	w ______

kahl	roh
M ______	St ______
Z ______	Fl ______

flieht

s ______

z ______

Und das ist eine

F______.

3. Kannst du *ihn* und *in* sowie *ihm* und *im* immer richtig unterscheiden? Hier kannst du es üben. Setze jeweils das richtige Wort in die Lücke ein.

________ Geisterschloss war es bitterkalt. Der Besucher zog sich den Pullover an, weil es ________ erbärmlich fror. Schon als er ________ den Rittersaal trat, schien es ________, als ob ________ die Geister berührten. ________ den Gängen war es noch schlimmer. Ein unheimliches Heulen drang ________ unerbittlich ________ die Ohren. Wie von unsichtbarer Hand gezogen, öffneten und schlossen sich vor ________ die Kammertüren. ________ liefen kalte Schauer über den Rücken. Aber er hatte doch unbedingt ________ das Geisterschloss gehen wollen.

Mit dem Buchstaben e wird bei manchen Wörtern das *i* zum langen i verlängert. Beim Sprechen ist das e nicht zu hören. Deshalb ist es gut, wenn du dir Wörter mit *ie* gut merkst.

4. Erkennst du, welche Wörter mit ie sich in den Kästchen verstecken? Bringe die Buchstaben in die richtige Reihenfolge und schreibe die Wörter auf die Zeilen.

a) p S e l g ie ____________

b) l f e n ß ie ____________

c) m a n l s ie ____________

d) f s c h ie ____________

e) l l v e i h c t ie

____

f) r l v e n r e ie

____

g) p S l ie ____________

h) n f e r r ie ____________

i) ß h ie ____________

j) r s c h ie ____________

5. Finde die Reimwörter und schreibe sie auf die Zeilen.

Riegel	nie
Sp ______	w ______
Z ______	schr ______

schießen	rief
g ______	Br ______
fl ______	t ______
l ______	l ______

6. Viele wichtige Zeitwörter enden auf *ieren*. Finde zu den folgenden Namenwörtern die passenden Zeitwörter mit der Endung *ieren* und schreibe sie auf die Zeilen.

a) Diktat diktieren

b) Fotograf ______

c) Transport ______

d) Gratulation ______

e) Marsch ______

f) Probe ______

g) Telefon ______

h) Reparatur ______

i) Maske ____________________

j) Nummer ____________________

k) Spende ____________________

l) Notiz ____________________

Achte besonders auf den Unterschied zwischen *wieder* und *wider*. *Wieder* hat meist die Bedeutung *erneut / nochmals*, zum Beispiel: *Wir werden uns wieder sehen.*
Wider wird oft in der Bedeutung von *gegen* benutzt, zum Beispiel: *Da kann ich dir nicht widersprechen* (= etwas gegen deine Meinung sagen).

Hier einige Wörter mit *wider*. Du lernst sie am besten auswendig:

widersprechen	**widerlich**	**erwidern**
widersetzen	**Widerwille**	**widerrufen**
Widerstand	**Widerrede**	**widerspenstig**
Erwiderung	**widerrechtlich**	**Widersacher**

Ein Tipp: Du kannst dir diese kleine Liste noch leichter merken, wenn du zu jedem Wort gleich einen sinnvollen Satz bildest und aufschreibst. Beispiel:
Das widerrechtliche Betreten der elektrischen Anlage ist verboten!

Und noch ein Tipp: Einige Wörter haben zwar beim Sprechen ein langes i, aber beim Schreiben kein Dehnungszeichen. Es sind neben *Kino*, *Krise* und *Bibel* alle Wörter mit den Endungen *in* und *ine*. Hier ein paar Beispiele, die du auswendig lernen solltest:

Kamin	**Benzin**	**Delfin**
Termin	**Vitamin**	**Medizin**
Maschine	**Kabine**	**Gardine**
Margarine	**Rosine**	**Praline**
Apfelsine	**Mandarine**	**Clementine**

Diktat 3

Eine Baugrube erzählt Geschichten

Kolumbus hat Amerika entdeckt. | Diese Meinung | versuchten die Forscher zu *widerlegen*, | seit Berichte | über Reisen der Wikinger nach Amerika | aufgetaucht waren. | Aber *niemand* hatte bisher *bewiesen*, | dass sie die Entdecker Amerikas waren. | Das gelang einem Erzsucher | und *Güterzugführer* | der kanadischen *Eisenbahn*. |
Auf der Suche nach Erz | musste er *tief* in die Erde *bohren* | und sogar Gestein wegsprengen. | Dabei *stieß* er | auf eine Wanne aus *Schiefer*. | Darin lagen alte Werkzeuge. | Sein *Fehler* war, | dass er den Fund | zu *gefühllos* und *roh* behandelte. | *Vieles* zerbrach. | *Wie* hätte er die Bedeutung | auch *ahnen* können? | Hatte er etwa | das Grab eines Wikingers freigelegt? | 1650 Kilometer vom Meer entfernt? | *Niemals*! | So empörten sich | seine gelehrten Gegner. | Ein Spezialist | *reparierte* *schließlich* die Fundstücke. | Es waren tatsächlich die Waffen | eines *Kriegers* der Wikinger.

HINWEISE FÜR DIE ELTERN

- Die Begriffe *Kolumbus* und *Wikinger* schreiben Sie bitte auf einen Extra-Zettel, von dem Ihr Kind die Wörter abschreiben kann. Sie werden nicht zum Diktat gerechnet.
- Die senkrechten Striche markieren die Sprechpausen. Hier sollten Sie jeweils unterbrechen, um Ihrem Kind Zeit zum Schreiben zu lassen.
- Lesen Sie alle Satzzeichen (Punkte, Kommas, Ausrufezeichen, Fragezeichen) mit.

Zur Bewertung

- Es ist ein voller Erfolg, wenn Ihr Kind die 19 *schräg gedruckten* Wörter richtig geschrieben hat. Andere Fehler spielen hier keine Rolle.
- Bis drei Fehler bei den schräg gedruckten Wörtern: Ihr Kind hat das Lernziel erreicht.
- Ab vier Fehler bei den schräg gedruckten Wörtern: Untersuchen Sie die Art der Fehler.
- Die entsprechenden Abschnitte der Übungen sollten wiederholt werden: zunächst alle Wörter mit Dehnungs-h, danach alle Wörter mit ie.
- Alle anderen falsch geschriebenen Wörter sollten in einem Heft notiert (am besten mit Bleistift) und am folgenden Tag noch einmal diktiert werden. Werden sie dann richtig geschrieben, kann Ihr Kind sie ausradieren. Sind sie wieder falsch, werden sie so lange geübt, bis alle Wörter richtig sind.

Wörter mit doppeltem Mitlaut **4**

1. Lies die folgenden Wörter laut und deutlich vor.

doppelt	locker	Gummi
schmücken	stützen	Satz
merken	stolz	Herz

Hast du beim Sprechen gemerkt, dass der Selbstlaut vor den zwei Mitlauten kurz ist? Vor zwei aufeinander folgenden Mitlauten kann nämlich nur ein kurzer Selbstlaut stehen.

2. Setze die Wortteile richtig zusammen, damit sich sinnvolle Wörter ergeben. Schreibe die zehn Wörter auf die Zeilen.

~~zusam~~	zusammen	ter
Mil	____________	plaus
don	____________	lion
brum	____________	~~men~~
fül	____________	len
hof	____________	le
erin	____________	nern
Quel	____________	fen
Wet	____________	nern
Ap	____________	men

Durch das Zusammensetzen der Wörter in Übung 2 hast du gemerkt, dass die Silben genau zwischen den beiden Mitlauten getrennt werden. Sprichst du die Silben deutlich voneinander getrennt, so hörst du auch die zwei Mitlaute.

Schwieriger ist es bei Wörtern mit nur einer Silbe. Aber auch da gibt es Tricks.

Trick 1: Du verlängerst das Wort – bei Namenwörtern zum Beispiel durch die Bildung der Mehrzahl: *der Mann* → *die Männer.*

3. Schreibe zu jedem Namenwort die Mehrzahl mit der Trennung auf die Zeilen.

a) das Schiff — die Schif-fe

b) der Kamm — ____________

c) das Brett — ____________

d) der Schwamm — ____________

e) der Pfiff — ____________

Trick 2: Bei gebeugten Zeitwörtern mit nur einer Silbe verlängerst du durch Bildung der Grundform: *kommt* → *kommen.*

4. Schreibe zu jedem gebeugten Zeitwort die Grundform mit der Trennung auf die Zeilen.

a) es stimmt — stim-men

b) er bellt — ____________

c) ihr schafft ______________________

d) ich kann ______________________

e) es klirrt ______________________

Trick 3: Bei einsilbigen Eigenschaftswörtern kannst du oft durch die Steigerung verlängern: *hell* → *heller.*

5. Schreibe zu jedem Eigenschaftswort die Steigerung mit Trennung auf die Zeilen.

a) glatt glat-ter

b) schlimm ______________________

c) schnell ______________________

d) platt ______________________

e) fromm ______________________

6. Eine Übung für Detektive! Hier sind die Wörter nur zur Hälfte zu sehen und alle großgeschrieben. Erkennst du sie trotzdem? Schreibe alle Wörter in der richtigen Groß- und Kleinschreibung auf die Zeilen der nächsten Seite. Achtung: Ein Wort passt nicht in die Reihe. Welches ist es? Dieses Wort solltest du dir gut merken.

RÜCKEN SCHMECKEN ECKE SCHICKT DOKTOR

HOCKEN SACK LOCKER GERÜCKT LÜCKE

Dieses Wort passt nicht in die Reihe:

7. Schreibe alle Wörter von Übung 6 mit allen Silbentrennungen auf die Zeilen. Bei einsilbigen Wörtern wendest du die Tricks der Verlängerung an. Wörter mit *ck* trennst du so:

bü-cken

8. Schreibe die Wörter im Kasten mit allen möglichen Trennungen auf die Zeilen.

~~Gesetze~~ Blitze

plötzlich trotzdem schmatzte stützen schwitzen Sätze

Ge-set-ze ____________________ ____________________

____________________ ____________________

____________________ ____________________

____________________ ____________________

Du hast sicher gemerkt, dass du oft zwischen *t* und *z* trennen musst. Folgt nach dem *tz* aber eine Silbe (zum Beispiel *schmatz-te*), dann trennst du erst nach dem *tz*.

9. Bei den folgenden Wörtern fehlt entweder *lk*, *nk* oder *rk*. Ergänze die Lücken durch die richtige Buchstabenfolge.

a) Ma_____

b) Ta_____

c) Gu_____e

d) Bi_____e

e) Ne_____e

f) Bä_____e

g) schla_____

h) Wo_____e

10. Bei den folgenden Wörtern fehlt entweder *lz, nz* oder *rz*. Ergänze die Lücken durch die richtige Buchstabenfolge.

a) Sa_____

b) Pfla_____e

c) he_____lich

d) ga_____

e) Wu_____el

f) kü_____en

g) ta_____en

h) Mü_____e

11. Kannst du die Rätselfragen beantworten? Alle Lösungen sind Wörter, die mit *z* geschrieben werden. Trage die fehlenden Buchstaben in die Kästchen ein.

a) Ein anderes Wort für *sehr klein* ist …

w					

b) Ein gesunder Hund hat eine feuchte …

S							

c) Ein wildes Tier sollte man nicht …

r					

d) Die Verkehrsampel steht an der …

K							

e) Diese Getreidesorte heißt …

W					

Diktat 4

Wer lebt hinter dem Mond?

Am 16. Juli 1969 *versammelten* sich | über eine *Million Schlachtenbummler* | am Cape Kennedy in Florida. | Sie *wollten* zuschauen, | wie drei *Männer* | das *Raumschiff* Apollo 11 bestiegen, | das sie zum Mond bringen würde. | Seit zehn Jahren schon | *hatten Russen* und Amerikaner | *Satelliten* ins *Weltall geschossen.* | Damit wurde getestet, | ob Menschen | die *Lufthülle* der Erde *verlassen konnten* | und ob sie die Schwerkraft aushielten. | Außerdem waren Bilder | zur *Herstellung* einer *vollständigen* Mondkarte | in das Raumfahrtzentrum *gefunkt* worden. | Die *Tanks* der Rakete waren mit *Sauerstoff,* | *Wasserstoff* und Helium *gefüllt.* | *Plötzlich* war die *Hitze* | einer riesigen *Flamme* zu spüren. | *Donnernd* hob die Rakete | von der Erde ab. | *Donnernd* war auch | der *Applaus* der Zuschauer, | als die Rakete | hinter den *Wolken* verschwand.

HINWEISE FÜR DIE ELTERN

- Die Begriffe *Cape Kennedy*, *Apollo* und *Helium* schreiben Sie bitte auf einen Extra-Zettel, von dem Ihr Kind die Wörter abschreiben kann. Sie werden nicht zum Diktat gerechnet.
- Die senkrechten Striche markieren die Sprechpausen. Hier sollten Sie jeweils unterbrechen, um Ihrem Kind Zeit zum Schreiben zu lassen.
- Lesen Sie alle Satzzeichen (Punkte, Kommas) mit.

Zur Bewertung

- Es ist ein voller Erfolg, wenn Ihr Kind die 28 *schräg gedruckten* Wörter richtig geschrieben hat. Andere Fehler spielen hier keine Rolle.
- Bis vier Fehler bei den schräg gedruckten Wörtern: Ihr Kind hat das Lernziel erreicht.
- Ab fünf Fehler bei den schräg gedruckten Wörtern: Untersuchen Sie die Art der Fehler.
- Die entsprechenden Abschnitte der Übungen sollten wiederholt werden: zum Beispiel alle Wörter, die einen Doppelmitlaut enthalten (mm, ll, nn …), danach alle Wörter mit ck, dann Wörter mit tz. Üben Sie aber verschiedene Rechtschreibprobleme nicht gleichzeitig, sondern nacheinander.
- Orientieren Sie sich für die Wiederholung an den Übungen dieses Kapitels. Ein Beispiel: Ihr Kind hat *Schlachtenbumler* statt *Schlachtenbummler* geschrieben. Üben Sie die Schreibung mit Wörtern aus derselben Wortfamilie: *Schlachtenbummler – bummeln – Stadtbummel.*
- Alle anderen falsch geschriebenen Wörter sollten in einem Heft notiert (am besten mit Bleistift) und am folgenden Tag noch einmal diktiert werden. Werden sie dann richtig geschrieben, kann Ihr Kind sie ausradieren. Sind sie wieder falsch, werden sie so lange geübt, bis alle Wörter richtig sind.

5 Wörter mit s – ss – ß

1. Erkennst du, welche Wörter mit *s* sich in den Kästchen verstecken? Bringe die Buchstaben in die richtige Reihenfolge und schreibe die Wörter auf die Zeilen.

a) a N e s ____________________

b) e i M e s ____________________

c) B e l a s ____________________

d) e o H s ____________________

e) a e H s ____________________

f) e w e i s ____________________

Wenn du diese Wörter laut sprichst, hörst du deutlich ein summendes (= stimmhaftes) *s*. Der Selbstlaut vor dem *s* wird lang gesprochen.

Wörter wie *das Los* haben zwar auch einen langen Selbstlaut, aber sie enden mit einem zischenden (= stimmlosen) *s*. Wenn du dir nicht sicher bist, mit welchem s-Laut du die Wörter schreiben musst, dann verlängere sie. Du weißt ja inzwischen, wie man die einzelnen Wortarten verlängern kann.

2. Verlängere die folgenden Wörter (Namenwörter durch Mehrzahlbildung, Zeitwörter durch Bildung der Grundform) und schreibe die Verlängerung auf die Zeilen.

a) das Los die Lose

b) der Kreis ____________________

c) das Gleis ______________________________

d) das Haus ______________________________

e) er las ______________________________

f) er pries ______________________________

Vorsicht Falle: Wörter, die auf *nis* enden, und bei allen Wörtern, in denen ein *Bus* vorkommt, haben in der Mehrzahl *ss*.

3. Ergänze zunächst die Lücken in der linken Spalte durch *nis* oder *bus*. Schreibe dann rechts daneben die Mehrzahl auf die Zeilen.

a) das Erleb<u>nis</u> ____ die Erlebnisse ______________________

b) das Geheim__________ ______________________________

c) das Bünd__________ ______________________________

d) der Schul__________ ______________________________

e) das Zeug__________ ______________________________

f) das Hinder__________ ______________________________

g) der Omni__________ ______________________________

h) der Reise__________ ______________________________

4. Lies die folgenden Wörter laut und deutlich vor.

besser **Riss** **hässlich**
Boss **Klasse** **vermissen**

Du hörst es deutlich: Der Selbstlaut vor dem s-Laut wird kurz gesprochen. Daher schreibst du diese Wörter mit *ss*.

5. Bei den folgenden Wörtern fehlt der s-Laut. Überlege gut, ob *s* oder *ss* ergänzt werden muss. Schreibe anschließend die Wörter richtig auf die Zeilen.

bla★en Ambo★ Lö★ung ka★ieren Ga★

Brennne★el hei★er dö★en na★

me★en ra★en Ka★ette

Wörter mit s

Wörter mit ss

Ein Tipp: Die Vorsilbe *dis* wird immer mit einfachem *s* geschrieben, die Vorsilbe *miss* dagegen mit *ss*. Hier ein paar Beispiele:

diskutieren
Diskussion
diskret

misstrauisch
Missverständnis
Misserfolg

Der s-Laut in der Schreibung *ß* kann nach einem langen Selbstlaut *(bloß)*, nach einem langen Umlaut *(süß)* oder nach einem Doppellaut *(heiß)* stehen.

6. Eine Übung für Detektive! Versuche die Wörter mit ß zu lesen und schreibe sie anschließend in die richtige Spalte.

beißen grüßen scheußlich Spaß Größe Fuß fleißig Gefäß stoßen

ß nach langem Selbstlaut	**ß nach langem Umlaut**	**ß nach Doppellaut**
______	______	______
______	______	______
______	______	______

Gut aufpassen musst du auch bei Zeitwörtern, wo sich die Schreibung des s-Lautes verändern kann, zum Beispiel *reißen* (Grundform) → *wir rissen* (1. Vergangenheit).

7. Schreibe neben die folgenden Verben in der Grundform die 1. Vergangenheit auf die Zeilen.

a) schließen ich schloss ______

b) lassen er ______

c) essen sie ______

d) gießen wir ______

e) fressen er ______

f) beißen er ______

g) vergessen wir ______

Achte auch auf den Unterschied zwischen *das* und *dass* nach einem Komma. Schau dir zunächst das folgende Beispiel an:

Das Tier, das über den Acker hoppelt, ist ein Hase.

Hier kannst du das farbige *das* durch das Wort *welches* ersetzen. *Das* wiederholt den bestimmten Begleiter. Immer wenn du die Eselsbrücke mit *welches* verwenden kannst, musst du *das* schreiben.

Ich hoffe, dass es bald wieder schneit.

Hier kannst du die Eselsbrücke nicht anwenden. Du weißt also, dass du das Bindewort *dass* brauchst.
Mit Hilfe dieses Tricks weißt du ab jetzt immer, ob du nach einem Komma *das* oder *dass* schreiben musst.

8. Setze *das* oder *dass* richtig in die Lücken ein. Wenn du dir nicht sicher bist, dann denke an den Trick!

a) Wo ist das Lesezeichen, __________ ich ins Buch gelegt hatte?

b) Gehört dir das Fahrrad, __________ vor der Tür steht?

c) Glaubst du, __________ wir das Fußballspiel gewinnen?

d) Ich glaube, __________ wir es schaffen können.

e) Mein Freund schaut sich jedes Fußballspiel an, __________

im Stadion stattfindet.

f) Ich wünsche mir, __________ dieser Film bald wiederholt wird.

Diktat 5

Die *schießen* wir auf den Mond

Etwa drei Stunden nach dem Start | erfahren wir, | *dass* Apollo 11 | in die Flugbahn zum Mond | *geschossen* wurde. | Die empfindlichen *Messgeräte* an Bord | übertragen alle Daten zur Erde. | 15 000 Kilometer von uns entfernt | *löst* sich die Kommandokapsel | von der Rakete. | Sie *kreist* weiter um den Mond. | Die Astronauten haben inzwischen | die *außerhalb befestigte* Landefähre | bestiegen und gestartet. |
Die ganze Welt | ist durch Berichte in der *Presse* | hautnah dabei. | Während wir | die Mondlandung vom *Sessel* aus | als *Spaß genießen*, | *müssen* die Astronauten | enorm *fleißig* sein. | Dann ist es so weit. | Die Fähre landet. | Es ist der 21. Juli 1969, | als der erste Mensch | seinen *Fuß* auf den Mond setzt.

HINWEISE FÜR DIE ELTERN

- Die Begriffe *Apollo* und *Kommandokapsel* schreiben Sie bitte auf einen Extra-Zettel, von dem Ihr Kind die Wörter abschreiben kann. Sie werden nicht zum Diktat gerechnet.
- Die senkrechten Striche markieren die Sprechpausen. Hier sollten Sie jeweils unterbrechen, um Ihrem Kind Zeit zum Schreiben zu lassen.
- Lesen Sie alle Satzzeichen (Punkte, Kommas) mit.

Zur Bewertung

- Es ist ein voller Erfolg, wenn Ihr Kind die 15 *schräg gedruckten* Wörter richtig geschrieben hat. Andere Fehler spielen hier keine Rolle.
- Bis drei Fehler bei den schräg gedruckten Wörtern: Ihr Kind hat das Lernziel erreicht.
- Ab vier Fehler bei den schräg gedruckten Wörtern: Untersuchen Sie die Art der Fehler.
- Die entsprechenden Abschnitte der Übungen sollten wiederholt werden. Üben Sie aber verschiedene Rechtschreibprobleme nicht gleichzeitig, sondern nacheinander.
- Üben Sie beispielsweise zunächst die Wörter mit s, dann diejenigen mit ss, zum Schluss die Wörter mit ß. Wiederholen Sie dabei die Regeln und Tricks, die Sie in diesem Kapitel finden.
- Benutzen Sie zur Ergänzung ein anderes Diktat in diesem Buch und suchen Sie gemeinsam die Wörter mit s-Lauten heraus.
- Sätze mit *das* oder *dass* sollten sie separat üben. Suchen Sie gemeinsam mit Ihrem Kind Verwendungsbeispiele. Anregungen dafür finden Sie ebenfalls in diesem Kapitel.
- Alle anderen falsch geschriebenen Wörter sollten in einem Heft notiert (am besten mit Bleistift) und am folgenden Tag noch einmal diktiert werden. Werden sie dann richtig geschrieben, kann Ihr Kind sie ausradieren.

6 Wörter mit mehreren Mitlauten in Folge

Um im Diktat drei oder mehr Mitlaute zu erkennen, die aufeinander folgen, benötigst du zwei Dinge:

- Du musst die Wörter wieder erkennen, damit du sie richtig schreibst – und das ist mit Hilfe dieses Kapitels überhaupt nicht schwer.
- Die Person, die dir diktiert, muss sehr deutlich sprechen. Tut sie das nicht, dann bittest du einfach um Wiederholung der Wörter, die du nicht verstanden hast.

1. Lies die folgenden Wörter aufmerksam durch und markiere die Gruppen von drei oder mehr Mitlauten farbig.

schlimm Schmuck Schnur Schraube

schweißen Pflanze kämpfen

Das war nicht schwer, oder?

2. Ergänze die Wörter durch die passende Mitlautgruppe.

schl **schn** **schm** **schr**

a) __________ecken

b) __________ucken

c) __________eiden

d) __________eiben

e) ________egen

f) i________en

g) ________auch

h) ________eien

i) ein________eicheln

j) ________eck

Schl · Schn · Schm · Schr · schw · Schw · pfl · Pfl · mpf

k) ________eiß

l) ________iftlich

m) ________asterstein

n) ________amme

o) ________itten

p) ________aube

Bei den Wörtern mit *str* oder *spr* musst du besonders gut auf den Unterschied zwischen Aussprache und Schreibung achten. Du sprichst in diesen Fällen das *s* zwar wie *sch*, aber du schreibst nur ein *s*. Beispiele: *strecken – sprechen*.

3. Eine Übung für Detektive! Versuche die Wörter in Spiegelschrift zu lesen und schreibe sie anschließend zur passenden Gruppe auf die Zeilen. Vorsicht Falle: Drei Wörter gehören nicht dazu. Findest du sie? Schreibe sie auf die unterste Zeile.

spitzen streifen spritzen Sprache
Stress anstrengen Sprudel
Strahl versprechen
Sprung Stahl Sache Apfelstrudel

Wörter mit spr / Spr

____

____

Wörter mit str / Str

____

____

Diese Wörter gehören nicht dazu:

____

Wichtig: Wenn zwei Wörter aufeinander treffen, bleiben alle Buchstaben erhalten. Beispiele: Ballett + Tänzerin → Balletttänzerin, bestell(en) + Liste → Bestellliste.

4. Verbinde die Wörter links mit Wörtern auf der rechten Seite, sodass sinnvolle (zusammengesetzte) Namenwörter entstehen. Schreibe anschließend deine Lösungen auf die Zeilen.

Fußball	Tempo
Schloss	Flasche
Schritt	Fahrt
Sauerstoff	Länderspiel
Bett	Straße
Schiff	Tuch

Fußballländerspiel, ______________________

____

____

____

5. Schreibe die folgenden Wörter mit allen Trennungen, die möglich sind, auf die Zeilen.

a) schimpfen schimp-fen

b) Kampfrichter Kampf-rich-ter

c) Stofffetzen ____________________

d) kämpfen ____________________

e) Impfung ____________________

f) Empfangshalle ____________________

g) Dampfrohr ____________________

h) Bestellliste ____________________

i) Pappplakat ____________________

j) Flussschifffahrt ____________________

Diktat 6

Ein Genie fliegt aus der Schule

„*Schleich* dich nach Hause! | So einen *Schwachkopf* | brauchen wir hier nicht!“, | *schimpft* der *strenge* Lehrer. | Von diesem Tag an | unterrichten die Eltern | ihren Jungen *selbst.* | Er findet *Geschmack* | an *schwierigen* Physik-Experimenten. | Weil aber das Geld nicht reicht, | muss er im Alter von zwölf Jahren | schon arbeiten. | Als *Schrankenwärter* | soll er der *nächsten* Station | alle dreißig Minuten | seine Anwesenheit melden. | Unnötiger *Stress,* | denkt er sich. | *Schnell* erfindet er einen Apparat | mit *Zeitschaltuhr,* | der das für ihn erledigt. |
Kurze Zeit *später* | geht er nach New York. | Hier kommt er richtig in *Schwung.* | Er erfindet die *Schreibmaschine,* | das Telefon, | den Plattenspieler, | die Glühbirne | und weitere 1323 Dinge. | *Schließlich* entwirft er | das erste Kraftwerk | zur *Stromherstellung.* | Nein, | dumm war er nicht, | der Thomas Alva Edison. | Nur leider *schwerhörig* als Schüler. | Doch um das zu bemerken, | war wohl sein Lehrer | nicht klug genug.

HINWEISE FÜR DIE ELTERN

- Die Begriffe *Physik-Experimenten*, *Station*, *New York* und *Thomas Alva Edison* schreiben Sie bitte auf einen Extra-Zettel, von dem Ihr Kind die Wörter abschreiben kann. Sie werden nicht zum Diktat gerechnet.
- Die senkrechten Striche markieren die Sprechpausen. Hier sollten Sie jeweils unterbrechen, um Ihrem Kind Zeit zum Schreiben zu lassen.
- Lesen Sie alle Satzzeichen (Punkte, Kommas, Ausrufezeichen) mit. Die „Anführungszeichen“ lesen Sie so: *„ = Anführungszeichen unten – “ = Anführungszeichen oben.*

Zur Bewertung

- Es ist ein voller Erfolg, wenn Ihr Kind die 18 *schräg gedruckten* Wörter richtig geschrieben hat. Andere Fehler spielen hier keine Rolle.
- Bis drei Fehler bei den schräg gedruckten Wörtern: Ihr Kind hat das Lernziel erreicht.
- Ab vier Fehler bei den schräg gedruckten Wörtern: Untersuchen Sie die Art der Fehler.
- Die entsprechenden Abschnitte der Übungen sollten wiederholt werden. Üben Sie aber verschiedene Rechtschreibprobleme nicht gleichzeitig, sondern nacheinander.
- Üben Sie beispielsweise zunächst die Wörter mit str, dann andere Fälle mit bestimmten Mitlautgruppen. Verwenden Sie die Übungen in diesem Kapitel und andere Diktattexte in diesem Buch.
- Alle falsch geschriebenen Wörter sollten in einem Heft notiert (am besten mit Bleistift) und am folgenden Tag noch einmal diktiert werden.

7 Wörter mit d – t / g – k am Wortende

Hast du beim Diktat auch manchmal Probleme, den letzten Buchstaben zu erkennen und richtig zu schreiben? Heißt es *lieb* oder *liep*, *Land* oder *Lant*, *Weg* oder *Wek*?
Die folgenden Übungen sollen dir dabei helfen, dass du dich für den richtigen Laut entscheidest.

Der Trick der Verlängerung ist ein gutes Hilfsmittel:

der Korb	→	die Körbe	=	Verlängerung durch die Mehrzahl
knapp	→	knapper	=	Verlängerung durch die Steigerung
Raub	→	rauben	=	Verlängerung durch ein Wort aus derselben Familie
jemand	→	jemandem	=	Verlängerung durch die Beugung

1. Schreibe zunächst zu jedem Wort die Verlängerung rechts auf die Zeilen und ergänze dann die Lücken links daneben.

a) Die*b*___ *Diebe*___

b) Ti___ ___

c) Lo___ ___

d) Stau___ ___

e) schla___ ___

f) scho___ ___

g) Lei_____ ______________________________

h) Kal_____ ______________________________

2. Finde die Reimwörter und schreibe sie auf die Zeilen.

a)
Grund
Pf____________________
H____________________
r____________________

b)
Band
H____________________
R____________________
Pf____________________

c)
Bild
w____________________
m____________________
Sch____________________

d)
blind
K____________________
W____________________
R____________________

3. Brauchst du *d* oder *t*? Überlege gut (denke auch an den Trick der Verlängerung) und ergänze die Lücken.

a)	Lie__	e)	Wal__	i)	Hel__
b)	Gebur__	f)	Gewich__	j)	To__
c)	Aben__	g)	Dutzen__	k)	leich__
d)	geschei__	h)	nack__	l)	to__

Vorsicht Falle: Unterscheide gut zwischen *die Sta**dt*** – die *Stä**dt**e* und *sta**tt** / ansta**tt*** (= anstelle / an Stelle von). Ein Beispielsatz als Eselsbrücke kann dir bei der Unterscheidung helfen:
*Wir fahren sta**tt** aufs Land lieber in die Sta**dt***.

Ein wichtiger Unterschied besteht auch zwischen *ent* und *end*. Wenn du *end* siehst, dann hat es immer etwas mit *Ende* zu tun.
Beispiel: *Der En**d**spurt ist der Spurt kurz vor En**d**e eines Rennens.*

4. Probiere das gleich einmal aus. Überlege gut und ergänze dann die Lücken durch *end* oder *ent*.

a)	________führen	e)	________gegen
b)	________lich	f)	________silbe
c)	________fernen	g)	________hüllen
d)	________gültig	h)	________summe

Hast du gemerkt, dass zwei Wörter von Übung 4 Namenwörter sind? Und hast du sie großgeschrieben? Schau lieber gleich noch einmal nach …

Zwei Wörter werden häufig verwechselt: *seid* und *seit*.
Seid ist eine gebeugte Form des Zeitworts *sein*.
Beispiel: *Wann **seid** ihr angekommen?*
Seit ist ein Verhältniswort, das bei Zeitangaben zu finden ist.
Beispiel: *Wir warten **seit** zwanzig Minuten auf den Zug.*

5. Schau dir die Sätze genau an und ergänze dann die Lücken durch *seid* oder *seit*.

a) __________ ihr am Abend zu Hause?

b) __________ gestern geht es dem Kranken besser.

c) Das Muttermal habe ich __________ meiner Geburt.

d) Ihr __________ aber schnell gelaufen!

e) __________ ewigen Zeiten sind die Menschen gierig nach Gold.

f) Ihr __________ sehr fleißig.

6. Finde die Reimwörter mit *g* und *k* am Ende und schreibe sie auf die Zeilen.

a)

Bug

Fl__________________

Kr__________________

Z__________________

kl__________________

b)

Bank

D__________________

bl__________________

Schr__________________

T__________________

Vorsicht Falle bei der Endung *ig*. Sie wird zwar mit *g* geschrieben – aber wie das Wort *ich* gesprochen. Hier musst du beim Schreiben besonders gut aufpassen!

7. Hier sind die Silben durcheinander geraten. Jedes Wort besteht aus zwei Silben. Ordne einer Silbe aus dem linken Kasten die passende aus dem rechten Kasten zu und schreibe die Wörter auf die Zeilen.

~~eif~~ häu rich
fer flei wich
mu
gie bil zor

rig tig fig
tig ßig tig
~~rig~~
lig nig tig

eifrig, ______________________________

____

____

8. Welche Schreibung ist richtig? Schau dir jeweils die beiden Möglichkeiten im Kasten an. Das falsche Wort streichst du ganz dick durch. Das richtige Wort schreibst du auf die Zeile neben dem Kasten.

a) **Jugend** ← Jugend
••••••

b) **Gelt** ← ______________
Geld

c) **Laup`** ← ______________
Laub

d) Mark ← ____________________
Marg

e) Volg ← ____________________
Volk

f) Fabrik ← ____________________
Fabrig

g) Könik ← ____________________
König

Diktat 7

Zerbrechliches Gold

Seit ewigen Zeiten *sind* Menschen | *gierig* nach *Gold*. | Auch *König* Friedrich I. von Preußen. | Kaum hatte er | von einem Apothekerlehrling | aus Berlin gehört, | der *anscheinend Gold* machen konnte, | *beabsichtigte* er | dessen Verhaftung. | Doch der Lehrling, | er hieß Johann Friedrich Böttger, | war nach einer Warnung | *längst* über alle Berge. |
Verhaftet wurde er trotzdem, | diesmal im Namen | des *Königs* von Sachsen. | Auch der war *knapp* bei Kasse. | Nach ein paar Tagen | bei Wasser *und Brot* | kam der Befehl: | *Gold*, aber *flott*! | Böttger experimentierte viel | um *Gold* zu erfinden. | Echtes *Gold* | hat er nicht *entdeckt*, | aber *zufällig* | die Mischung für Porzellan. | *Seit* diesem *Zeitpunkt* | *wird* Porzellan | in der *Stadt* Meißen hergestellt. | *Und* Böttger | war der erste Direktor | dieser *Porzellanfabrik*.

HINWEISE FÜR DIE ELTERN

- Die Begriffe *Friedrich I.* und *Johann Friedrich Böttger* schreiben Sie bitte auf einen Extra-Zettel, von dem Ihr Kind die Wörter abschreiben kann. Sie werden nicht zum Diktat gerechnet.
- Die senkrechten Striche markieren die Sprechpausen. Hier sollten Sie jeweils unterbrechen, um Ihrem Kind Zeit zum Schreiben zu lassen.
- Lesen Sie alle Satzzeichen (Punkte, Doppelpunkt, Kommas, Ausrufezeichen) mit.

Zur Bewertung

- Es ist ein voller Erfolg, wenn Ihr Kind die 25 *schräg gedruckten* Wörter richtig geschrieben hat. Andere Fehler spielen hier keine Rolle.
- Bis vier Fehler bei den schräg gedruckten Wörtern: Ihr Kind hat das Lernziel erreicht.
- Ab fünf Fehler bei den schräg gedruckten Wörtern: Untersuchen Sie die Art der Fehler.
- Die entsprechenden Abschnitte der Übungen sollten wiederholt werden. Üben Sie aber verschiedene Rechtschreibprobleme nicht gleichzeitig, sondern nacheinander.
- Üben Sie beispielsweise zunächst die Wörter, die mit d und t im Auslaut geschrieben werden, dann diejenigen mit g und k, schließlich Wörter mit ig und ich. Verwenden Sie die Übungen in diesem Kapitel und andere Diktattexte in diesem Buch. Auf diese Weise erzielen Sie mit geringem Aufwand einen großen Lerneffekt.
- Alle falsch geschriebenen Wörter sollten in einem Heft notiert (am besten mit Bleistift) und am folgenden Tag noch einmal diktiert werden. Werden sie dann richtig geschrieben, kann Ihr Kind sie ausradieren. Sind sie wieder falsch, werden sie so lange geübt, bis alle Wörter richtig sind.

Wörter mit V / v und F / f 8

Wörter mit *V / v* und *F / f* sind beim Hören oft schwer zu unterscheiden. Vor allem bei den Wörtern mit *V / v* musst du gut aufpassen: Das *V / v* wird nämlich manchmal wie ein w *(Vase, Violine)* und in anderen Fällen wie ein f *(Vater, Vogel)* gesprochen.

1. Lies die folgenden Wörter laut vor und schreibe sie in die richtige Spalte.

Veilchen Vokabel Virus Vanille davon

nervös voll verkehrt Video brav Pullover vier

V / v wie w gesprochen	V / v wie f gesprochen
______________________	______________________
______________________	______________________
______________________	______________________
______________________	______________________
______________________	______________________
______________________	______________________

Wichtig: Die Vorsilben *ver (verstehen, verlieren)* und *vor (vorstellen, Vorhang)* werden immer mit *v* geschrieben.

2. Setze die Wörter sinnvoll zusammen. Sie beginnen alle mit der Vorsilbe *ver / Ver* oder *vor / Vor*. Zu jeder Gruppe gehören neun Wörter. Schreibe die Lösungen auf die Zeilen.

ver Ver
Vor vor

züglich sicht

fahrt bild

hersage zeichnis

schrift rückt

meiden kehr

derben antwortlich

säumen schwinden

dacht teil

wärts bereiten

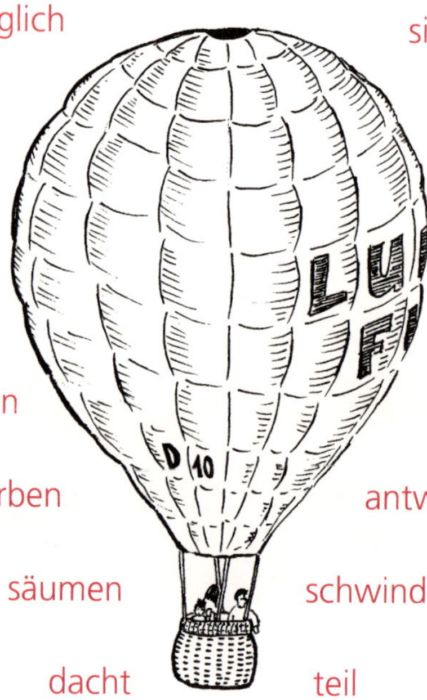

Wörter mit Ver / ver

Wörter mit Vor / vor

3. Auch *voll*, *viel* und *vier* werden mit *v* geschrieben. Setze die Wörter sinnvoll zusammen und schreibe sie vollständig auf die Zeilen.

voll

viel

vier

seitig

dampf

hundert

fraß

beiner

enden

leicht

zählig

bremsung

vielleicht,

___

___

Vorsicht Falle: Wenn das Eigenschaftswort *voll* vor Zeitwörter gesetzt wird, schreibt man beide Wörter meistens getrennt: *voll füllen, voll gießen, voll packen*.

4. Entscheide mit Hilfe dieser Regel, ob du die folgenden Wörter mit *voll / Voll* zusammenschreiben oder getrennt schreiben musst. Schreibe deine Lösungen auf die Zeilen.

~~gas~~ fressen **Voll** tanken pension
zählig stopfen **voll**
laden treffer milch pumpen

Voll	**voll**
Vollgas	

Diktat 8

Lüge oder Wahrheit?

Kaum wird es *Frühling*, | da beginnen die *Vorbereitungen für* die Jagd. | Es ist die Jagd der *Fotografen* und Taucher | nach dem Ungeheuer Nessie. | Der erste *Verdacht*, | im *geheimnisvollen* Loch Ness, | einem See in Schottland, | lebe ein *fürchterliches Vieh*, | entstand schon *vor* 1500 Jahren. | Seitdem gibt es immer wieder Berichte, | in denen Nessie | für das *Verschwinden von* Menschen | *verantwortlich* gemacht wird. | *Verbindet* man | *zuverlässige* Aussagen und Bilder, | dann sieht Nessie so aus: | Der Körper ist *schlangenförmig* | und hat *vier Flossen*. | Das ganze Tier | misst *ungefähr* zwölf Meter. | Die *vollständige* Beschreibung | passt *verblüffend* genau | auf einen Saurier. | Allerdings sind diese Tiere | *vor* 70 Millionen Jahren ausgestorben.

HINWEISE FÜR DIE ELTERN

- Die Begriffe *Nessie* und *Loch Ness* schreiben Sie bitte auf einen Extra-Zettel, von dem Ihr Kind die Wörter abschreiben kann. Sie werden nicht zum Diktat gerechnet.
- Die senkrechten Striche markieren die Sprechpausen. Hier sollten Sie jeweils unterbrechen, um Ihrem Kind Zeit zum Schreiben zu lassen.
- Lesen Sie alle Satzzeichen (Punkte, Doppelpunkt, Kommas, Fragezeichen) mit.

Zur Bewertung

- Es ist ein voller Erfolg, wenn Ihr Kind die 20 *schräg gedruckten* Wörter richtig geschrieben hat. Andere Fehler spielen hier keine Rolle.
- Bis vier Fehler bei den schräg gedruckten Wörtern: Ihr Kind hat das Lernziel erreicht.
- Ab fünf Fehler bei den schräg gedruckten Wörtern: Untersuchen Sie die Art der Fehler.
- Die entsprechenden Abschnitte der Übungen sollten wiederholt werden. Üben Sie aber verschiedene Rechtschreibprobleme nicht gleichzeitig, sondern nacheinander.
- Üben Sie beispielsweise zunächst die Wörter, die mit F / f geschrieben werden, dann diejenigen mit V / v, schließlich Wörter mit *ver, vor, viel, vier* und *voll*.
- Verwenden Sie auch andere Diktate in diesem Buch und suchen Sie gemeinsam mit Ihrem Kind die Wörter mit den entsprechenden Lauten und Silben heraus.
- Alle anderen falsch geschriebenen Wörter sollten in einem Heft notiert (am besten mit Bleistift) und am folgenden Tag noch einmal diktiert werden. Werden sie dann richtig geschrieben, kann Ihr Kind sie ausradieren. Sind sie wieder falsch, werden sie so lange geübt, bis alle Wörter richtig sind.

9 Umlaute in der Mehrzahl oder durch Ableitungen

Es gibt Wörter, in denen der Selbstlaut zum Umlaut wird, wenn man sie in die Mehrzahl setzt. Beispiele:
der Kamm → die Kämme,
die Nuss → die Nüsse.

Bei Wörtern mit *ö* oder *ü* ist es leicht. Du darfst nur die Umlautzeichen nicht vergessen. Gut aufpassen musst du bei Wörtern, in denen *a* zu *ä* wird oder *au* zu *äu*. Beim Hören kann man *ä* leicht mit *e* oder *äu* mit *eu* verwechseln. Deshalb ist es schlau, wenn du zuerst überlegst, wie das entsprechende Wort in der Einzahl heißt.

1. Finde den passenden Selbstlaut und schreibe das Wort auf die Zeile. Ergänze daneben jeweils die Mehrzahlform.

a) ▲rzt *Arzt – Ärzte*

b) B▲nd ____________

c) F▼ß ____________

d) L●ch ____________

e) Z▲hn ____________

f) F▼chs ____________

g) R●ck ____________

h) Z▲un ____________

i) St▼hl ____________

j) Schl●ss ____________

Du weißt ja, dass zu einer Wortfamilie viele Wörter gehören können. Ändert sich die Wortart, so wird manchmal ein Selbstlaut zum Umlaut. Beispiele: die Zahl – zählen – vollzählig oder das Loch – löchern – löchrig.

2. Schreibe zu jedem Wort ein Beispiel aus derselben Wortfamilie mit Umlaut auf die Zeilen.

a) die Angst ängstlich ____________________

b) die Jagd ____________________

c) die Furcht ____________________

d) voll ____________________

e) der Gruß ____________________

f) die Not ____________________

g) glatt ____________________

h) der Schmuck ____________________

Aus einem *Baum* wird manchmal ein *Bäumchen*, aus einem *Hut* ein *Hütchen*. *Bäumchen* und *Hütchen* sind Verkleinerungen; außerdem wird *chen* oder *lein* an das Wort angehängt. Dir ist sicher schon aufgefallen, dass dabei ein Selbstlaut zum Umlaut werden kann.

3. Finde heraus, wie die Wörter heißen. Schreibe sie dann auf die Zeilen der nächsten Seite und ergänze daneben jeweils die Verkleinerungsform mit *chen*.

lattB Gsal sMua ssluF ckSone huSch

Bei der Steigerung von Eigenschaftswörtern kann es ebenfalls vorkommen, dass sich der Selbstlaut der Grundform zum Umlaut ändert. Beispiele: lang – länger – am längsten oder hart – härter – am härtesten.

4. Finde die Steigerungsformen der folgenden Eigenschaftswörter und schreibe sie auf die Zeilen.

a) klug klüger – am klügsten

b) groß

c) kurz

d) alt

e) gesund

f) jung

g) kalt

h) stark

i) dumm

j) arm

Diktat 9

Wie alt kann eine Pflanze werden?

Eine Geschichte *erzählt,* | dass es im *südlichsten* Teil | von Australien | die *kräftigsten* Pflanzen gibt. | Der Naturforscher King | nahm *unzählige* | und *gefährliche* Strapazen auf sich, | bis er in diese *Täler* | und *Sümpfe* vorgedrungen war. | Er tastete sich *ängstlich* | auf *feuchten Böden* voran, | *während* Hitze und *Kälte* | *ständig* wechselten. |
Plötzlich entdeckte er | eine riesige Wurzel, | aus der | etwa sechs Meter hohe *Stämme* wuchsen. | Die obersten *Äste* | hatten harte, | *grüne Blätter.* | Herr King stellte fest, | dass sich die Pflanze | nicht durch Samen vermehrt, | sondern sich aus einer einzigen, | weit verzweigten Wurzel *erneuert.* | *Heutige* Forscher untersuchten die Pflanze | mit modernen Methoden. | Sie *wächst jährlich* | etwa 26 Millimeter, | hat eine Eiszeit *überlebt* | und ist mit mindestens 43 600 Jahren | wohl die *älteste* Pflanze der Erde.

HINWEISE FÜR DIE ELTERN

- Die Begriffe *King, Strapazen* und *Methoden* schreiben Sie bitte auf einen Extra-Zettel, von dem Ihr Kind die Wörter abschreiben kann. Sie werden nicht zum Diktat gerechnet.
- Die senkrechten Striche markieren die Sprechpausen. Hier sollten Sie jeweils unterbrechen, um Ihrem Kind Zeit zum Schreiben zu lassen.
- Lesen Sie alle Satzzeichen (Punkte, Kommas, Fragezeichen) mit.

Zur Bewertung

- Es ist ein voller Erfolg, wenn Ihr Kind die 24 *schräg gedruckten* Wörter richtig geschrieben hat. Andere Fehler spielen hier keine Rolle.
- Bis drei Fehler bei den schräg gedruckten Wörtern: Ihr Kind hat das Lernziel erreicht.
- Ab vier Fehler bei den schräg gedruckten Wörtern: Untersuchen Sie die Art der Fehler.
- Die entsprechenden Abschnitte der Übungen sollten wiederholt werden. Üben Sie aber verschiedene Rechtschreibprobleme nicht gleichzeitig, sondern nacheinander.
- Üben Sie beispielsweise zunächst die Wörter, die mit ä, ö oder ü geschrieben werden, dann diejenigen mit äu, schließlich Wörter mit eu.
- Verwenden Sie auch andere Diktate in diesem Buch und suchen Sie gemeinsam mit Ihrem Kind die Wörter mit den entsprechenden Lauten heraus.
- Alle anderen falsch geschriebenen Wörter sollten in einem Heft notiert (am besten mit Bleistift) und am folgenden Tag noch einmal diktiert werden. Werden sie dann richtig geschrieben, kann Ihr Kind sie ausradieren. Sind sie wieder falsch, werden sie so lange geübt, bis alle Wörter richtig sind.

10 Besondere Formen der Silbentrennung

Wenn es um die Trennung von Wörtern am Zeilenende geht, dann weißt du schon, dass du nach Sprechsilben trennen kannst. Beispiel: *Sprech-sil-ben.*
Dir ist auch bekannt, wie du bei Doppelmitlauten trennen musst. Beispiel: *dop-pelt.*
Schließlich weißt du ebenfalls, dass Wörter mit nur einer Silbe überhaupt nicht getrennt werden dürfen. Beispiel: *nein.*

Wichtig: Selbstlaute oder Doppelselbstlaute vor einem einzelnen Mitlaut werden wie eine Silbe behandelt. Sie dürfen nach der Trennung allein stehen.
Beispiele: *e-del, a-ber, Ei-mer, Au-ge*

1. Eine Übung für Detektive und Trenn-Profis! Versuche die Wörter zu lesen und schreibe sie anschließend mit allen Trennungen auf die Zeilen. Achte dabei auch auf die richtige Groß- und Kleinschreibung.

ÖLIG OPER ANANAS EILE IDEAL ELEKTRISCH
AMEISE
ÜBUNG UFER ELEFANT IGEL ÜBERQUEREN

Eine weitere wichtige Regel betrifft die Trennung von *st*. Wörter mit *st* trennst du zwischen *s* und *t*. Beispiele: *Äs-te, ges-tern.* Manchmal gehört das *st* allerdings zu einer Sprechsilbe. Dann darfst du nicht trennen. Vergleiche die Beispiele: *bas-teln, der Bast-ler.*

2. Probiere die Trennung bei *st* gleich einmal aus. Schreibe die Wörter mit allen möglichen Trennungen auf die Zeilen.

a) Polizisten Po-li-zis-ten

b) Fenster

c) Westen

d) günstig

e) feststellen

f) rostfrei

g) Trostpflaster

h) testen

i) Testauto

j) Geburtstag

3. Warum kannst du Wörter wie *Trost*, *Test* oder *Post* nicht trennen? Schreibe deine Antwort auf die Zeile.

So trennst du Wörter mit *ck*: *wa-ckeln, we-cken, Be-cken, schmeck-te.* Das *ck* bleibt zusammen.

4. Markiere bei den Wörtern im Kasten die Trennungen durch einen senkrechten Strich und in Farbe.

re | cken bücken Fackel lackieren
Dackel Strecke hocken meckern

5. Jetzt wird es etwas schwieriger. Überlege gut und markiere alle möglichen Trennungen durch einen senkrechten Strich in Farbe. Einzelwörter, die du nicht trennen darfst, streichst du durch.

a)	packen	Packesel	Päckchen
b)	Decke	Deckfarbe	zudecken
c)	Blick	Augenblicke	Blickkontakt
d)	drücken	Druckerei	Druck
e)	backen	Bäckerei	Backofen

So trennst du Wörter mit *tz*: *krat-zen, het-zen*. Du trennst also zwischen *t* und *z*.
Manchmal gehört das *tz* allerdings zu einer Sprechsilbe: *kratz-te, hetz-te*. Dann darfst du *tz* nicht trennen, sondern erst nach der Sprechsilbe.

6. Überlege gut und schreibe dann die Wörter mit allen Trennungen auf die Zeilen.

a) Hetze ______________________

b) Plätze ______________________

c) kritzeln ______________________

d) platzen ______________________________

e) platzte ______________________________

f) kritzelte ______________________________

g) schätzte ______________________________

h) letzte ______________________________

7. Das Computerprogramm hat die Wörter falsch getrennt. Streiche die falschen Wörter auf dem Bildschirm durch und schreibe sie mit den richtigen Trennungen auf die Zeilen.

____

____

____

Die Regeln für die Trennung von Wörtern mit *tz* kannst du auch für die Trennung bei Wörtern mit *pf* anwenden. Beispiele: *imp-fen, hüp-fen, impf-te, hüpf-te*

8. Überlege gut und schreibe dann die Wörter mit allen Trennungen auf die Zeilen.

a) schimpfen ______________________

b) schimpfte ______________________

c) verkrampfte ______________________

d) geklopft ______________________

e) Impfpass ______________________

f) anklopfen ______________________

Diktat 10

Eine Ent•de•ckung im Dampf•bad

Diese Geschichte ereignete sich | vor etwa 2200 Jah•ren | in Syrakus. | Der König hatte ein Problem. | War seine neu•e Krone | wirk•lich echt? | Das war ein Fall | für Archimedes. | Der soll•te die Krone tes•ten, | sie dabei a•ber nicht ver•krat•zen. | Archimedes woll•te gerade | in das damp•fen•de Heiß•was•ser•be•cken | des Badehauses steigen, | als er die i•de•a•le I•dee hatte. | Ei•lig stürz•te er aus dem Bad | und has•te•te nach Hause. | Hier füll•te er drei Ge•fä•ße mit Was•ser. | Im ers•ten ver•senk•te er die Krone, | im zweiten einen Klumpen Gold | und im dritten einen Klumpen Silber. | Die Klumpen hatten das gleiche Gewicht | wie die Krone. | Der Silberklumpen war aber am größ•ten, | weil Silber leich•ter ist als Gold. | Der Silberklumpen verdrängte das meis•te Wasser. | Beim Goldklumpen | und einer ech•ten Goldkrone | hätte gleich viel Wasser ab•flie•ßen müssen. | Es war a•ber die Krone, | die mehr Wasser ver•dräng•te. | Sie war also unecht. |

HINWEISE FÜR DIE ELTERN

- Die Begriffe *Syrakus* und *Archimedes* schreiben Sie bitte auf einen Extra-Zettel, von dem Ihr Kind die Wörter abschreiben kann. Sie werden nicht zum Diktat gerechnet.
- Die senkrechten Striche markieren die Sprechpausen. Hier sollten Sie jeweils unterbrechen, um Ihrem Kind Zeit zum Schreiben zu lassen.
- Lesen Sie alle Satzzeichen (Punkte, Kommas, Fragezeichen) mit.
- Diktieren Sie den gesamten Text zunächst wie jedes andere Diktat.
- Erster Schritt: Überprüfen Sie das geschriebene Diktat und korrigieren Sie zusammen mit Ihrem Kind die Rechtschreibfehler. Der Text sollte vor dem nächsten Schritt fehlerfrei sein.
- Zweiter Schritt: Das Kind nimmt nun ein leeres Blatt. Diktieren Sie die Wörter, die im Text oben mit den Trennungen (•) angegeben sind. Die Aufgabe für das Kind besteht darin, das diktierte Wort mit allen Trennungen auf das Blatt zu schreiben, zum Beispiel *damp-fen-de*.

Zur Bewertung

- Jeder Trennungsfehler zählt als halber Fehler. Achten Sie auch darauf, dass Ihr Kind ein langes Wort rechtzeitig vor dem Zeilenende trennt.
- Besprechen Sie gemeinsam die Trennungsfehler. Regeln und zusätzliche Übungen finden Sie in diesem Kapitel.
- Alle falsch geschriebenen Wörter (sowie die Wörter mit falschen Trennungen) sollten in einem Heft notiert (am besten mit Bleistift) und am folgenden Tag noch einmal diktiert werden. Werden sie dann richtig geschrieben, kann Ihr Kind sie ausradieren.

11 Satzzeichen und Redezeichen

Mit den Satzzeichen am Ende eines Satzes kennst du dich bestimmt gut aus. Hier deshalb nur eine kurze Wiederholung.

- Am Ende eines Erzählsatzes steht ein Punkt:

  Im Jahre 1095 rief der Papst die Christen zu Kreuzzügen auf.

- Am Ende eines Fragesatzes steht ein Fragezeichen:

  Welche Absicht steckte dahinter?

- Am Ende eines Befehls-, Aufforderungs- oder Ausrufesatzes steht ein Ausrufezeichen:

  Erobert das Heilige Land für die Christenheit zurück!

1. Ergänze am Ende der folgenden Sätze das richtige Satzzeichen.

a) Durch die Kreuzzüge lernten die Europäer auch bisher unbekannte Waren kennen

b) Viele Gewürze, Heilkräuter und Textilien wurden zu den neuen Luxusgütern

c) Warum brauchte man sie

d) Manche Gewürze benutzte man zum Konservieren von Nahrungsmitteln

e) Die Frauen gaben den Kreuzrittern viele Aufträge mit auf die weite Reise

f) Bringt uns auf jeden Fall Seidenstoffe mit

g) Das war ihr sehnlichster Wunsch

h) Die Stadt Venedig witterte ein Riesengeschäft

i) Welchen Grund gab es dafür

j) Venedig schickte Schiffe in die arabischen und afrikanischen Länder um dort Waren einzukaufen

k) Bringt die Waren nach Venedig und verkauft sie von hier aus

l) So lautete der Befehl des Stadtrates an die Seeleute

Kommen wir nun zu den wichtigsten Kommaregeln.

- Ein Komma trennt zwei Teilsätze, die inhaltlich zusammengehören:

  Die Seeleute kauften die Waren ein, die Venezianer verkauften sie.

- Kommas stehen auch bei Aufzählungen:

  Sie handelten mit Gewürzen, Heilkräutern, Duftölen und Seide.

- Ein Komma steht vor Teilsätzen, die mit *dass*, *sodass* oder *ohne dass* beginnen:

  Die Luxusgüter waren derartig begehrt, dass sie gar nicht schnell genug beschafft werden konnten.

- Ein Komma steht zwischen Teilsätzen, die mit einem Bindewort wie *weil*, *denn*, *als*, *während*, *nachdem*, *seitdem*, *obwohl*, *da* oder *aber* beginnen:

  Die Brüder fuhren bald zurück, weil sie die Waren so schnell wie möglich verkaufen wollten.

2. Ergänze in den folgenden Sätzen die Kommas an den richtigen Stellen.

a) Sie verließen die Reisegesellschaft weil ihnen der lange Weg zu beschwerlich war.

b) Sie wollten eigentlich den Seeweg über Akkon das Rote Meer und durch den Indischen Ozean nehmen aber sie überlegten es sich anders.

c) Von Marco Polo sind genaue Reiseberichte erhalten denn er führte Tagebuch.

d) Als sie die Grenze zu China erreicht hatten mussten sie die Chinesische Mauer überqueren.

e) Nachdem sie beim Khan angekommen waren begleiteten sie ihn nach Peking.

Wenn ein Text wörtliche Reden enthält, musst du die Anführungszeichen verwenden.

- Oft geht ein Redebegleitsatz der wörtlichen Rede voraus:

Redebegleitsatz	**wörtliche Rede**
↓	↓
Der Khan sagte:	„Du bist ein kluges Köpfchen."

- Er kann aber auch nach der wörtlichen Rede stehen:

wörtliche Rede	**Redebegleitsatz**
↓	↓
„Du bist ein kluges Köpfchen“,	sagte der Khan.

- Schließlich kann der Redebegleitsatz auch in die wörtliche Rede eingeschoben werden:

wörtliche Rede 1. Teil	**Redebegleitsatz**	**wörtliche Rede 2. Teil**
↓	↓	↓
„Du bist“,	sagte der Khan,	„ein kluges Köpfchen.“

Achte besonders bei der dritten Möglichkeit darauf, dass du alle Anführungszeichen richtig setzt.

3. Unterstreiche jeweils den Redebegleitsatz und die wörtliche Rede in zwei verschiedenen Farben.

a) Der Khan sagte: „Du bist ein kluges Köpfchen.“

b) „Ich danke dir, großer Khan“, antwortete Marco Polo.

c) „Wenn du willst“, meinte der Khan, „kannst du mein Privatsekretär werden.“

Wichtig: Steht der Redebegleitsatz nach einem Frage- oder Ausrufesatz, musst du unmittelbar vor dem Redebegleitsatz ein Komma ergänzen. Nach dem Komma schreibst du klein weiter. Beispiele:

„Was soll ich tun?“, wollte Marco wissen.
„Nimm alle Vollmachten mit!“, wies ihn der Khan an.

4. Im folgenden Text sollst du die wörtliche Rede selbst erkennen und alle Satzzeichen richtig ergänzen.

Du sollst mein ganzes Reich bereisen befahl der Khan Schicke mir von allen Orten genaue Berichte Wozu habe ich schließlich den Post- und Botendienst eingerichtet ergänzte er Marco merkte sich alles während sein Auftraggeber sprach Er hatte auch die fremde Sprache sehr gut gelernt obwohl sie sehr schwierig war Schließlich fügte der Khan hinzu Öffne bei Hungersnot meine Vorratslager weil hungrige Untertanen gefährliche Untertanen sind

Diktat 11

Eine Reise, die 41 Jahre dauerte

Mein Freund Klaus meinte: | „Was ist so ungewöhnlich | an den Reisen von Marco Polo? | Es ist doch überhaupt kein Problem | nach China zu reisen.“ | Ich sagte zu ihm: | „Denke daran, | dass es im Jahr 1271 war. | Würdest du eine Reise machen, | obwohl du nicht sicher bist | jemals ans Ziel zu kommen? | Auch ein Reisebüro | würde dir abraten.“ | Klaus überlegte: | „Stimmt. | Das würde ich nicht tun.“ | „Und außerdem“, | sagte ich, | „war Marco Polo | 41 Jahre unterwegs, | bis er wieder zu Hause war.“ | Klaus verzog das Gesicht | und rief aus: | „41 Jahre weg von zu Hause! | Nein, das könnte ich nicht!“

HINWEISE FÜR DIE ELTERN

- Die senkrechten Striche markieren die Sprechpausen. Hier sollten Sie jeweils unterbrechen, um Ihrem Kind Zeit zum Schreiben zu lassen.
- Satzzeichen: Lesen Sie beim Diktieren nur die Kommas mit. Sagen Sie Ihrem Kind vor Beginn des Diktats, dass es alle Satzendezeichen, Redezeichen und Doppelpunkte vor der wörtlichen Rede selbstständig setzen soll.
- Erster Schritt: Überprüfen Sie das geschriebene Diktat auf Rechtschreibfehler und korrigieren Sie die Fehler gemeinsam. Der Text sollte vor dem nächsten Schritt fehlerfrei sein.
- Alle falsch geschriebenen Wörter sollten in einem Heft notiert (am besten mit Bleistift) und am folgenden Tag noch einmal diktiert werden. Werden sie dann richtig geschrieben, kann Ihr Kind sie ausradieren. Sind sie wieder falsch, werden sie so lange geübt, bis alle Wörter richtig sind.
- Zweiter Schritt: Überprüfen Sie, ob Ihr Kind alle Satzende- und Redezeichen sowie die Doppelpunkte vor der wörtlichen Rede richtig gesetzt hat.

Zur Bewertung

- Es geht hier in erster Linie darum, dass Ihr Kind die Zeichensetzung richtig macht. Hat Ihr Kind dabei größere Schwierigkeiten, dann zerlegen Sie den Diktattext in einzelne Sätze, ohne gleich den gesamten Text zu diktieren.
- Im Falle von Fehlern bei Satzendezeichen: Üben Sie mit Ihrem Kind unterschiedliche Satzarten (Erzählsätze, Fragesätze, Ausrufesätze, Befehlssätze). Geben Sie Satzbeispiele ohne Zeichensetzung schriftlich vor und lassen Sie Ihr Kind die Satzzeichen ergänzen.
- Im Falle von Fehlern bei Redezeichen: Üben Sie Sätze mit und ohne wörtlicher Rede. Lassen Sie Ihr Kind Redebegleitsatz und wörtliche Rede in verschiedenen Farben unterstreichen und danach alle Satz- und Redezeichen ergänzen.

12 Anredefürwörter im Brief

Anredefürwörter verwendest du häufig, wenn du an jemanden einen Brief oder andere Mitteilungen schreibst.

Schreibt man an vertraute Personen (Freunde, Verwandte), zu denen man *du* sagt, dann schreibt man alle Anredefürwörter klein. Zu dieser Gruppe von Wörtern gehören zum Beispiel *du*, *dir*, *dich*, *dein* – aber auch die Mehrzahlformen wie *euer*.

Bei Fremden verwendet man die höflichen Anredefürwörter wie zum Beispiel *Sie*, *Ihnen*, *Ihren*. Sie werden großgeschrieben.

1. Peter klingelt an der Wohnungstür seines Freundes Tim, aber niemand öffnet. Peter schreibt einen Zettel mit einer Nachricht für seinen Freund und legt ihn vor die Wohnungstür.
Setze die passenden Anredefürwörter in die Lücken ein.

Lieber Tim,

leider habe ich ________ nicht angetroffen. Dabei hätte ich ________ gern geholfen und wäre mit ________ Hund spazieren gegangen.

Ich weiß ja, dass ________ heute wenig Zeit hast.

Ruf mich doch bitte an, wenn ________ zu Hause bist.

Ich komme dann noch einmal bei ________ vorbei.

2. Wie müssten die Anredefürwörter heißen, wenn Peter den Brief von Übung 1 an Frau Schindler, die ältere Dame aus dem dritten Stock, geschrieben hätte?
Setze die höflichen Anredefürwörter in die Lücken ein.

Liebe Frau Schindler,

leider habe ich ________ nicht angetroffen. Dabei hätte ich ________ heute gern geholfen und wäre mit ________ Hund spazieren gegangen.
Ich weiß ja, dass ________ heute wenig Zeit haben.
Rufen Sie mich doch bitte an, wenn ________ zu Hause sind. Ich komme dann noch einmal bei ________ vorbei.

3. Schreibe nun selbstständig einen Brief an den Sportverein.

Darum soll es in deinem Brief gehen:

- Du möchtest Mitglied im Sportverein werden um Basketball zu spielen.
- Du fragst nach dem Jahresbeitrag für die Mitgliedschaft.
- Du fragst, wann und wo das Training stattfindet.
- Du bittest darum, dass man dir die Informationen zuschickt.

Achte beim Schreiben deines Briefes besonders auf die Großschreibung der Anredefürwörter und auf die Satzzeichen.

Und so beginnst du den Brief:

Sehr geehrte Damen und Herren,